Workbook
Level 1

¡Español para ti!

Elena Steele

K–12 Foreign Language Specialist
Clark County, Nevada, Public Schools

Holly Johnson

Español para ti Video Teacher

Columbus, OH • Chicago, IL • Redmond, WA

Editorial and Production Management: Elm Street Publications, Wellesley, MA
Composition: Jan Ewing, William J. Cataldi, Ewing Systems, New York, NY
Illustrations: Don Wilson, Len Shalansky

www.sra4kids.com

 **SRA**

Send all inquiries to:
SRA/McGraw-Hill
8787 Orion Place
Columbus,OH 43240-4027

Printed in the United States of America.

ISBN 0-658-00711-4

12 MAL 12

ESPAÑOL PARA TI, Level One

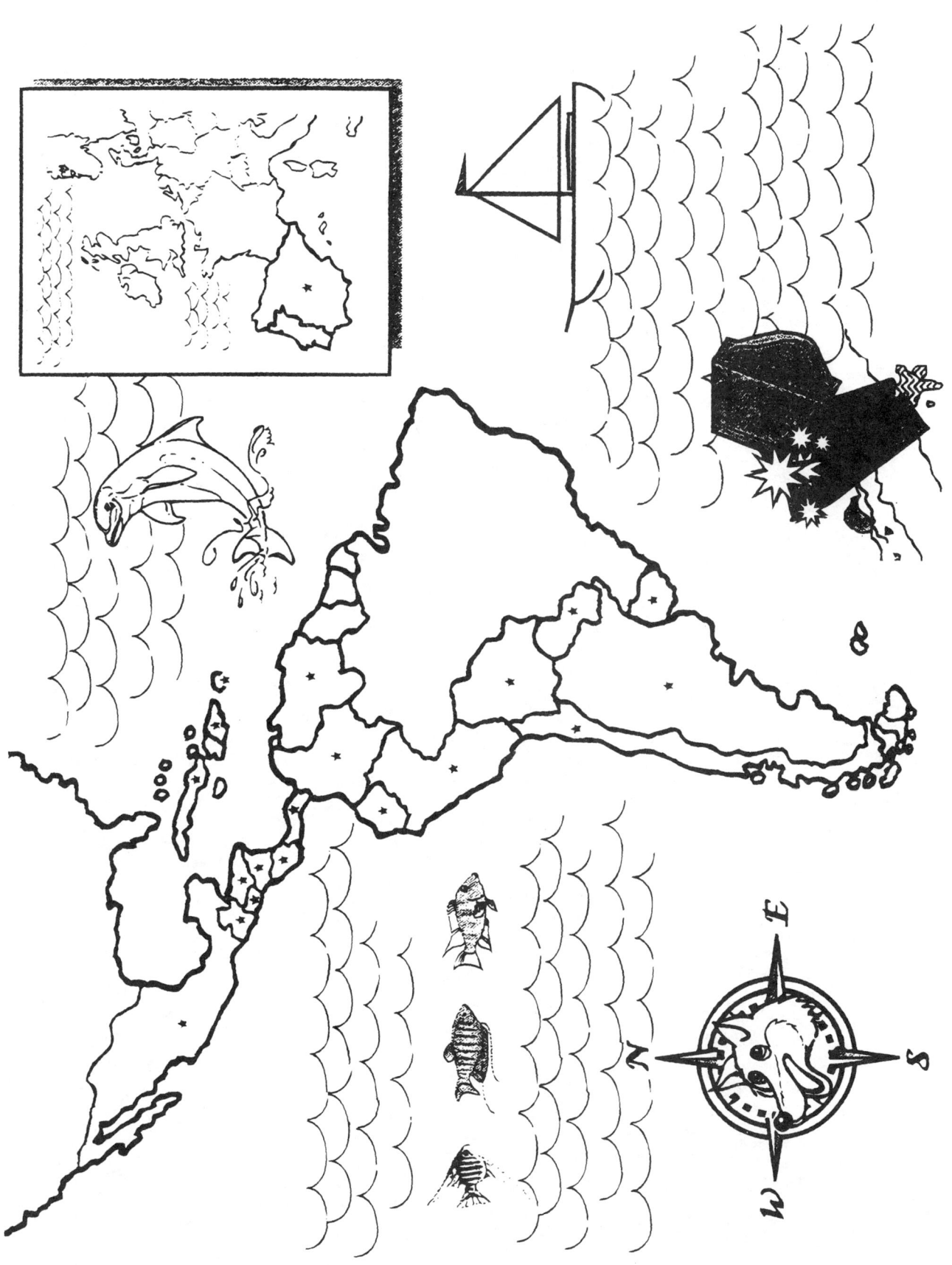

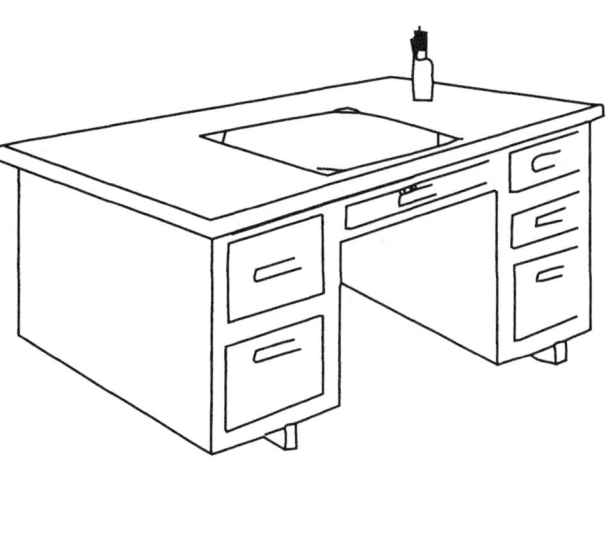

José

Rosita

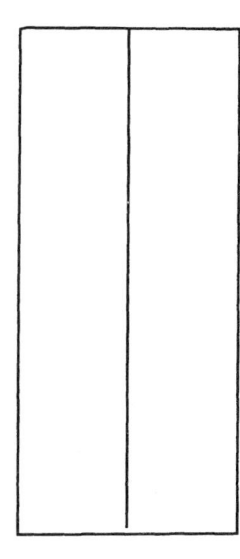

José

Rosita

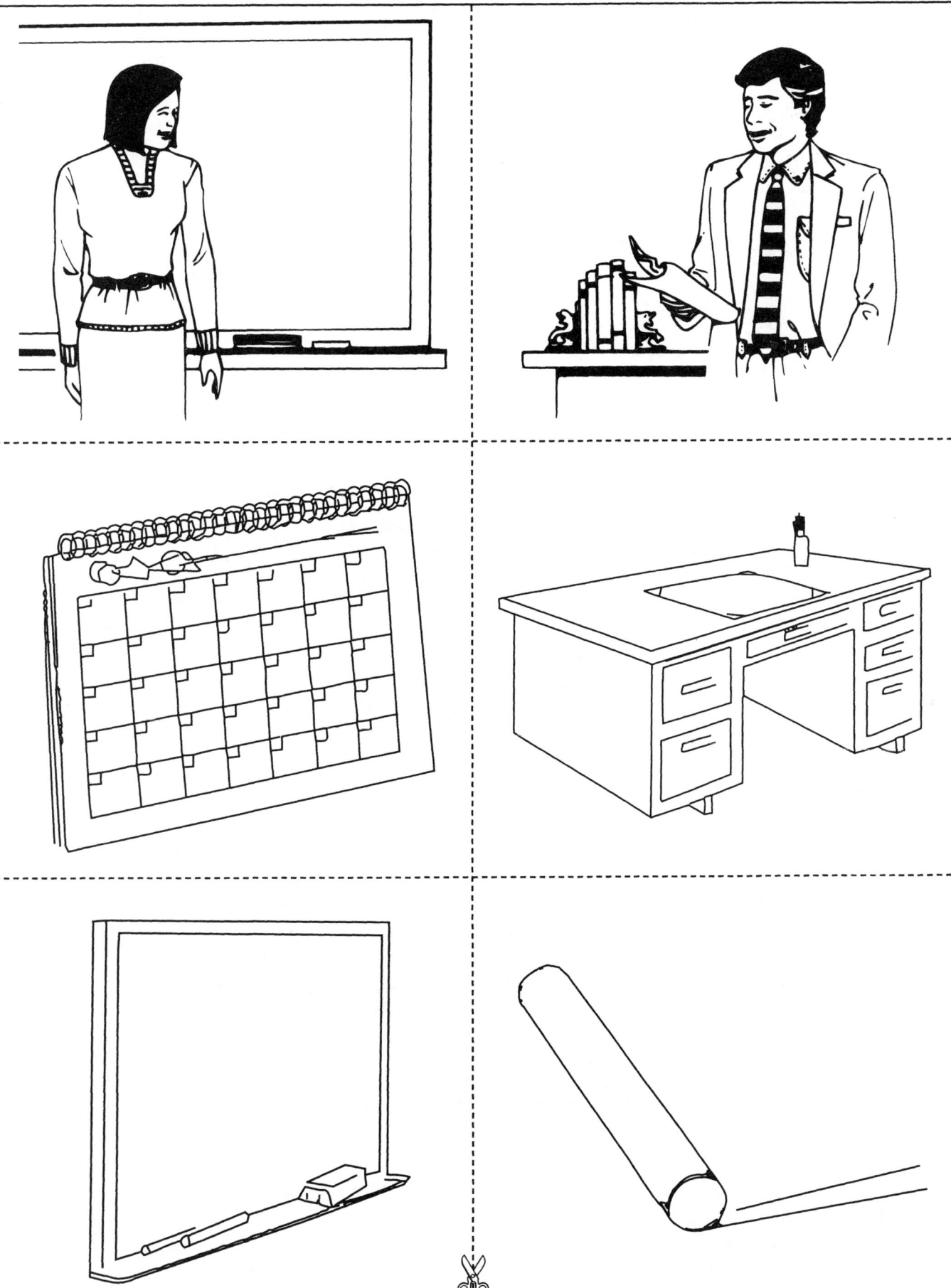

1	2
3	4
5	6
7	8
9	10

Name _____ Date _____

 10 6 8

 3 7 9

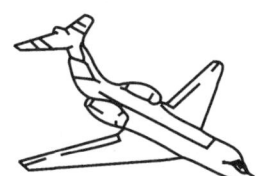 2 5 1

 4 2 10

 5 3 6

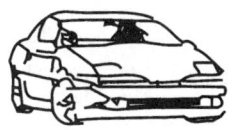 1 4 9

 7 10 8

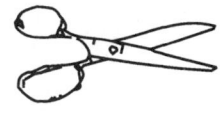 10 5 2

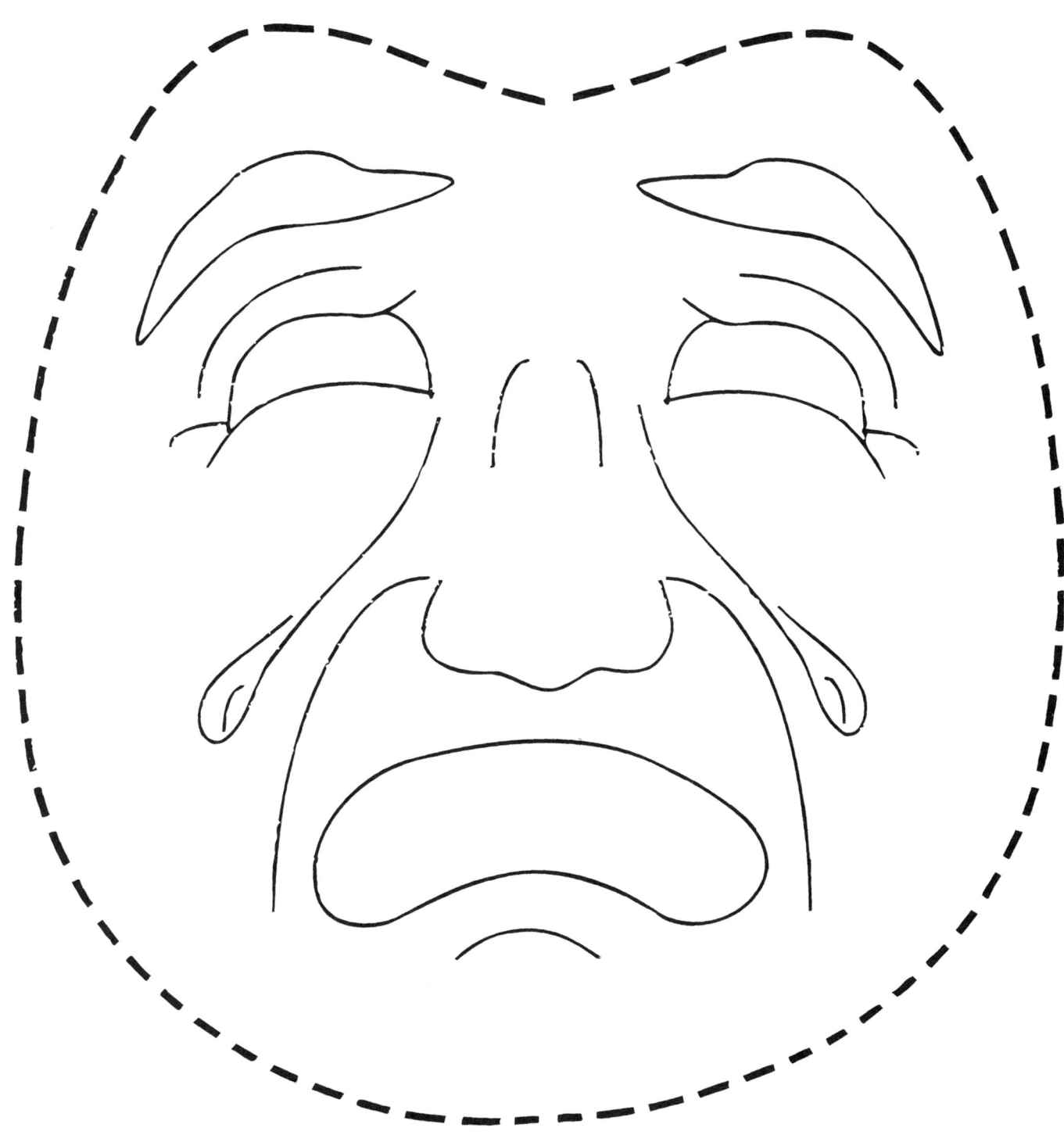

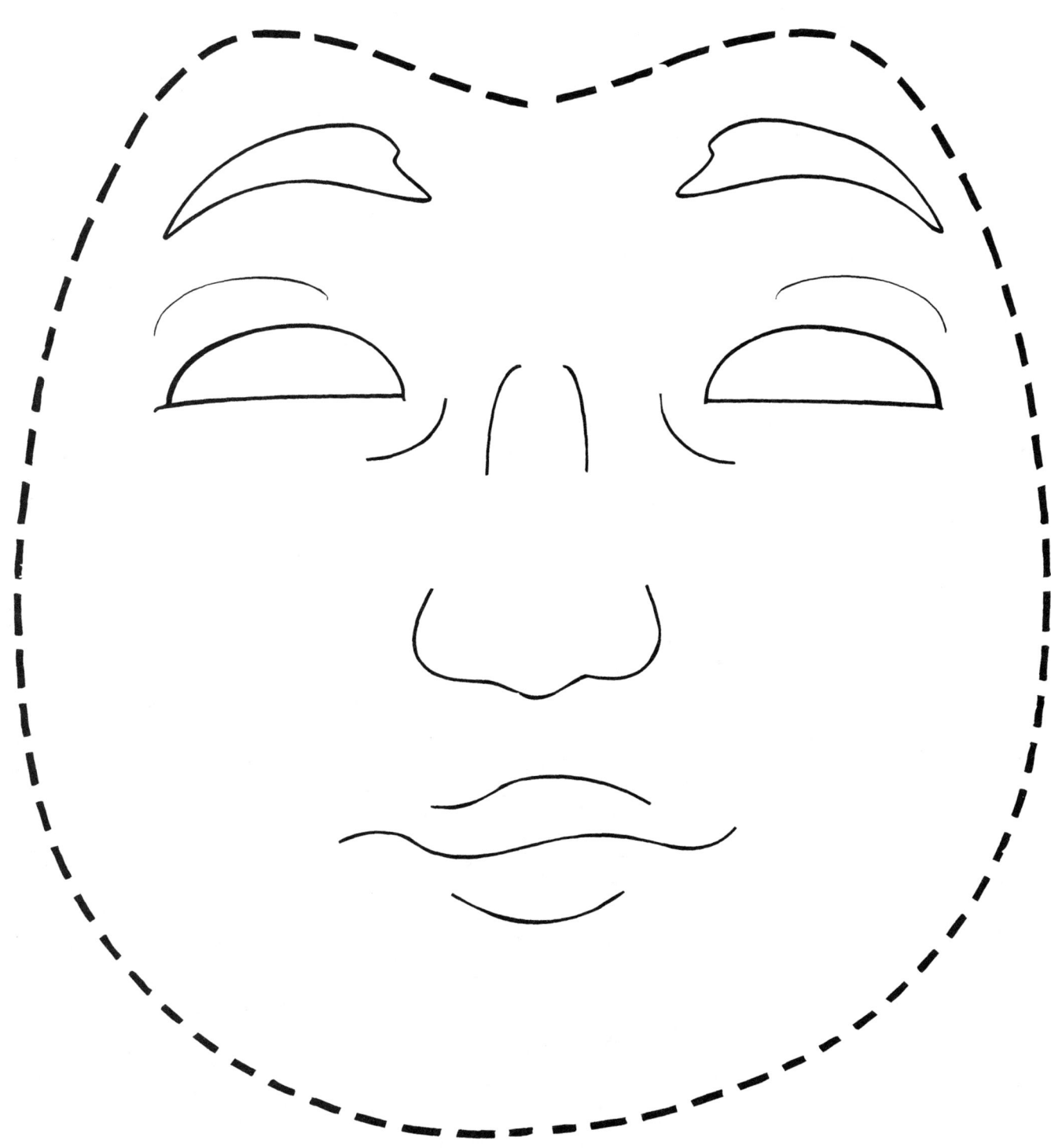

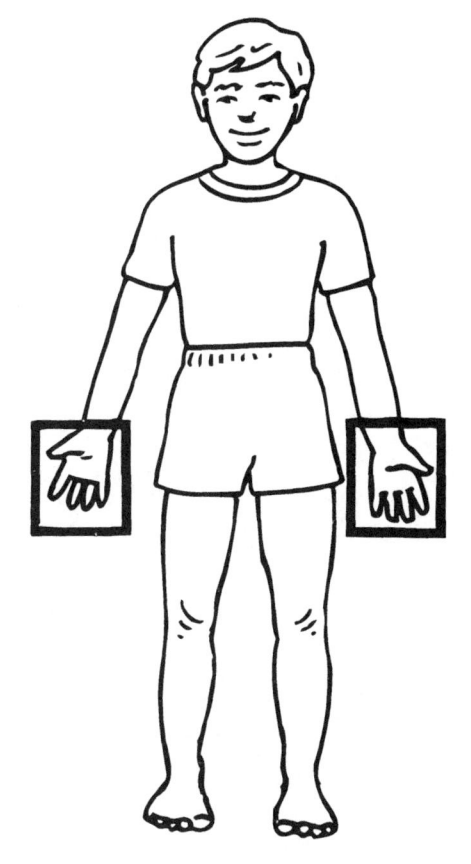

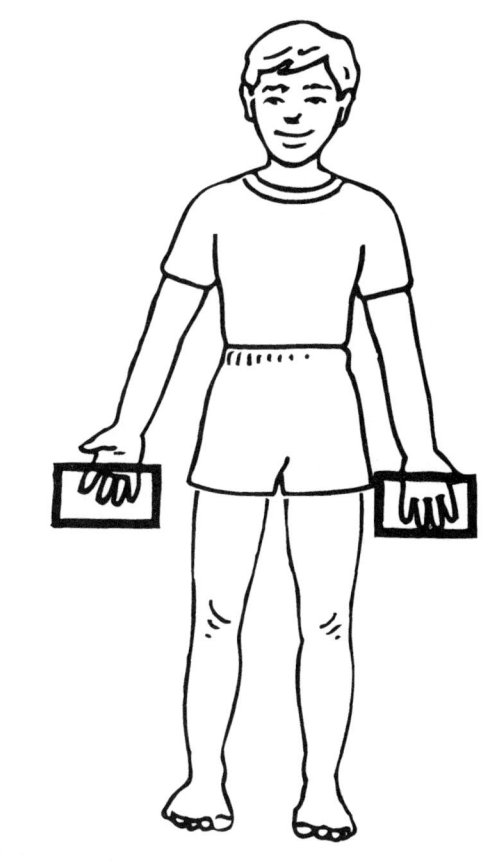

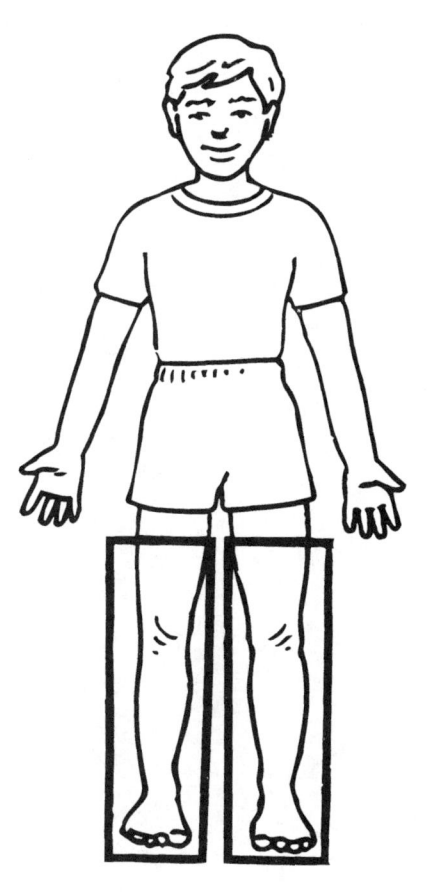

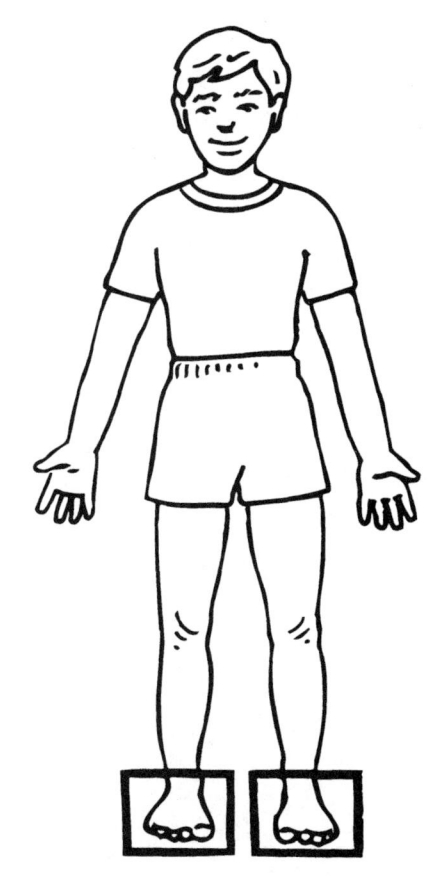

1.

2.

3.

4.

1.

2.

3.

4.

lunes   martes   miércoles   jueves

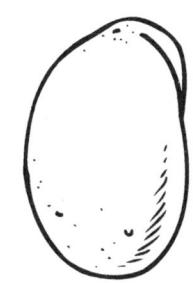

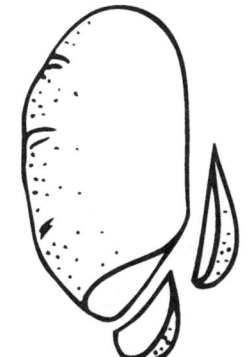

viernes   sábado   domingo

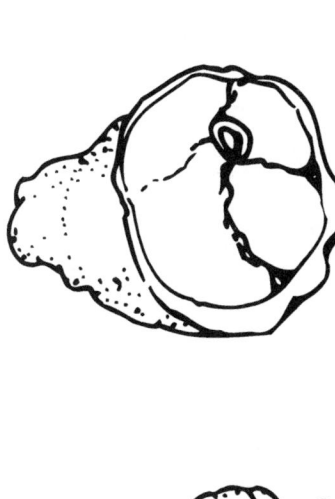

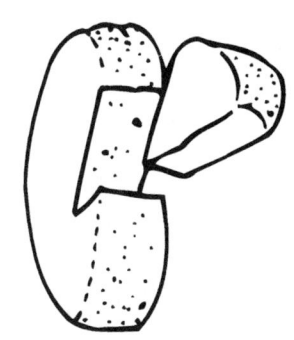

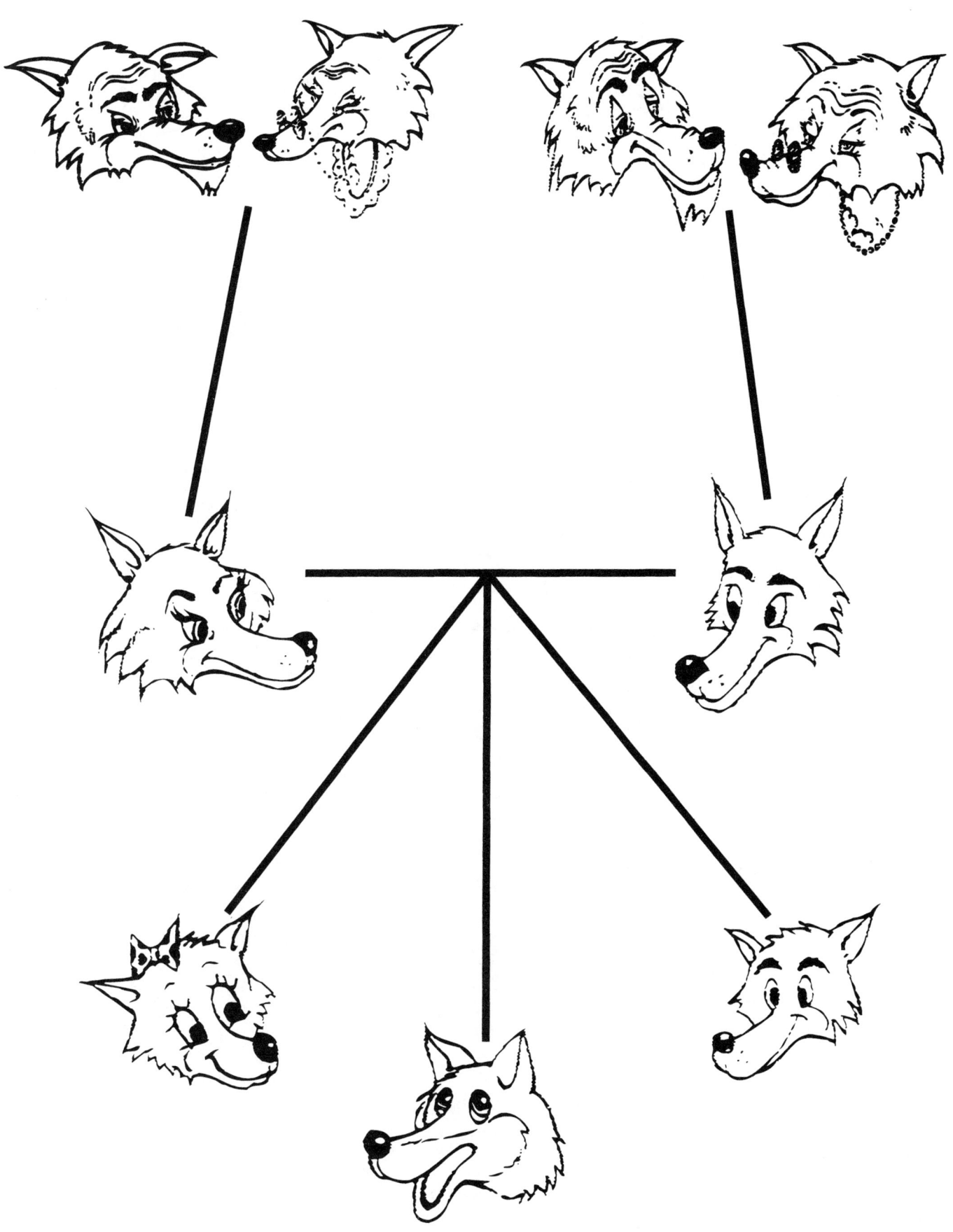

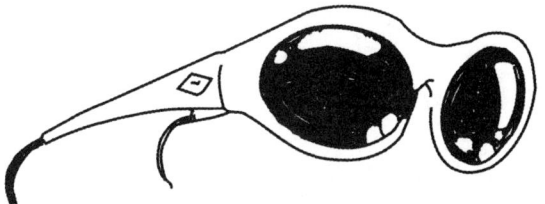

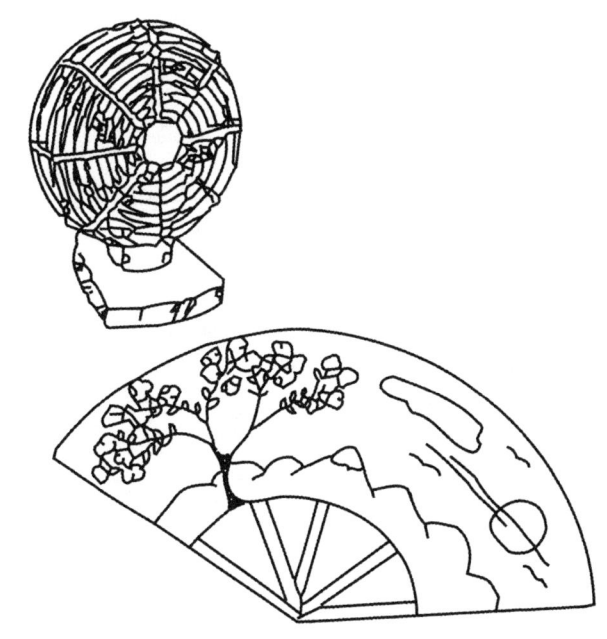

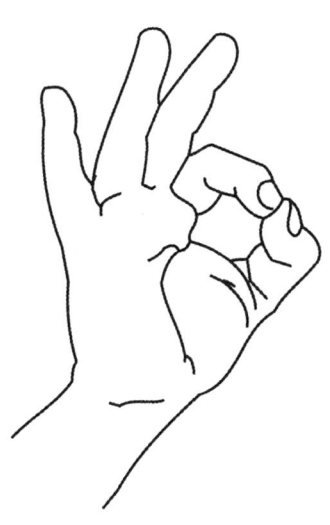

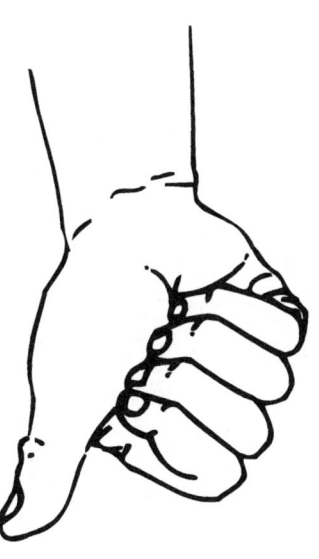

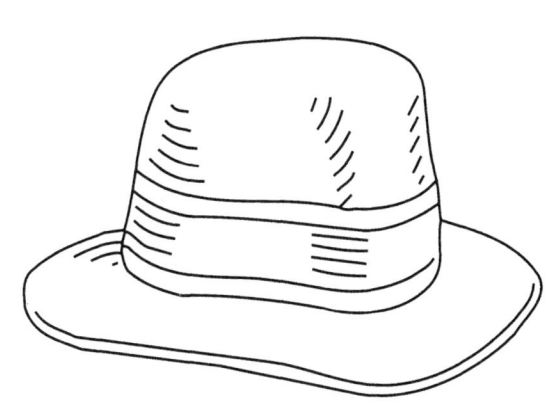

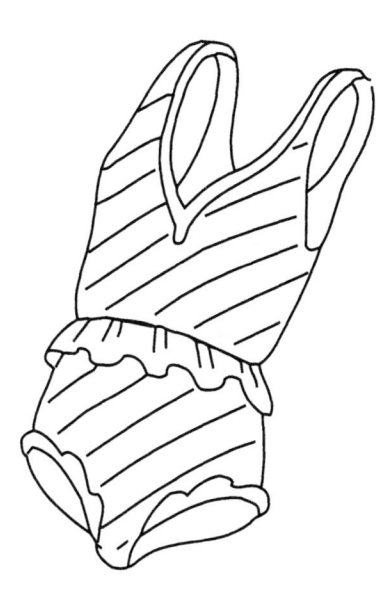

1.

2.

3.

4.

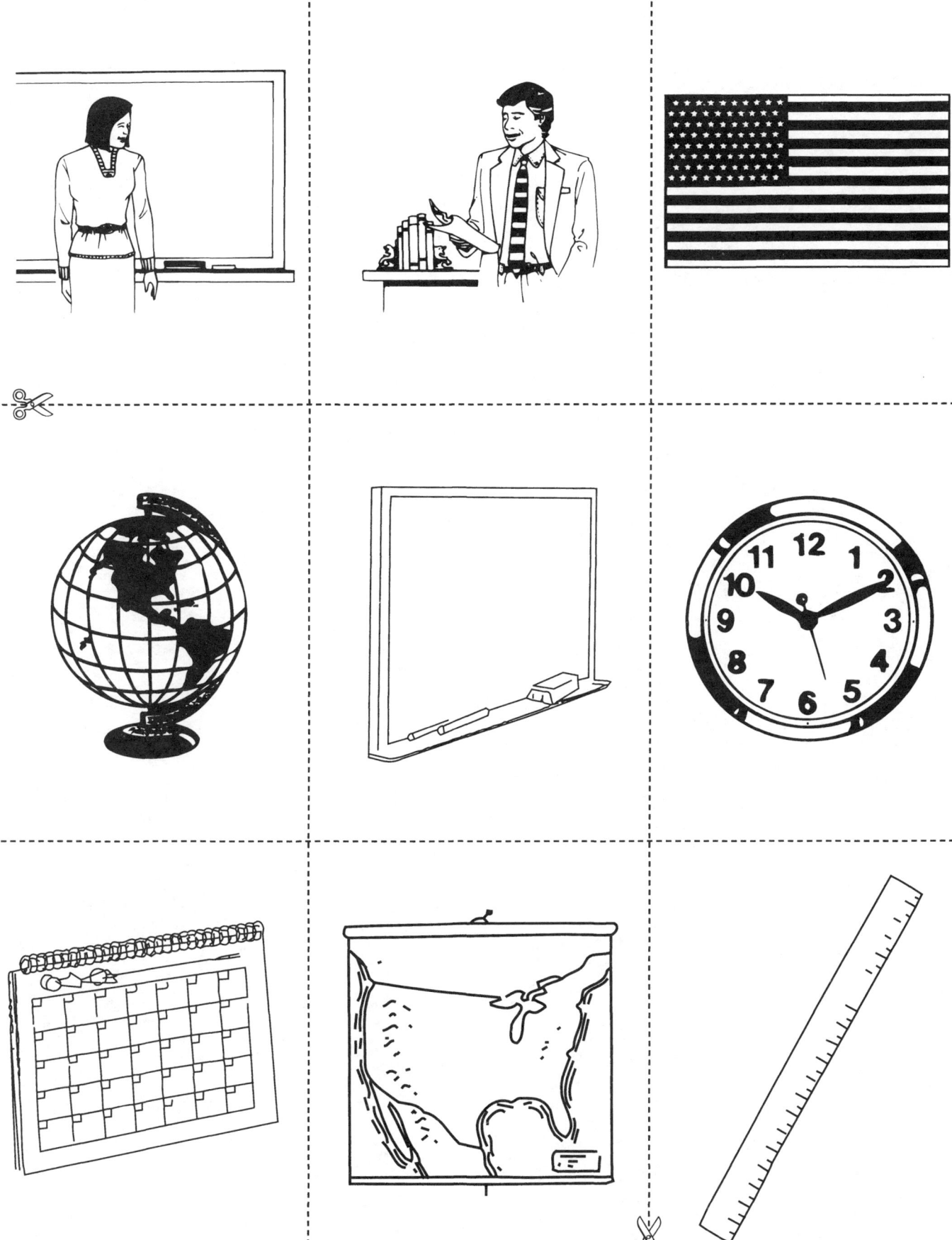

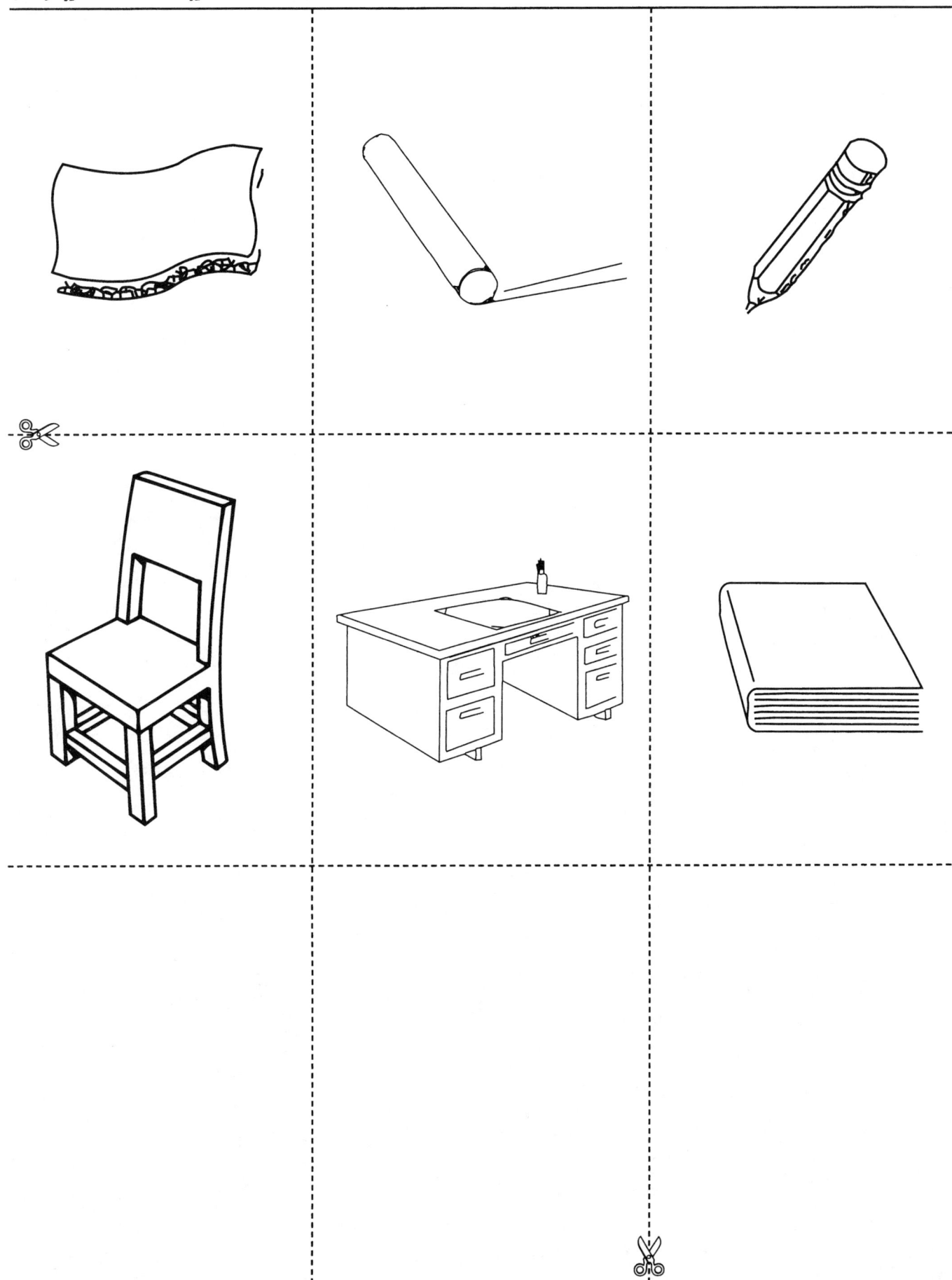

lunes

martes

miércoles

jueves

viernes

sábado

domingo

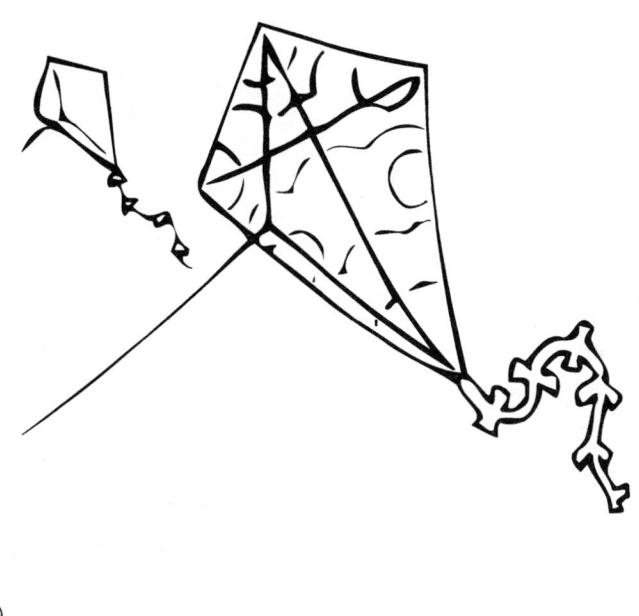